toutes mes activités créatives

Texte de Madeleine Deny
Illustrations d'Etsuko Watanabe

Le picto indique le niveau de difficulté de chaque activité.

très facile — facile — pour les grands

Nathan

bricolage

Comment bricoler quand on est « haut comme 🍎🍎🍎 » ?

Conserver dans une boîte à bricolage tout un petit matériel : chutes de papier cadeau, emballages en polystyrène, ficelle, ruban, bâtons d'esquimaux, papier bulle, bouteille en plastique, pailles... *C'est bien utile !*

Scotcher aux quatre coins sa feuille pour éviter qu'elle bouge. *C'est parfait* quand on s'initie à l'art de peindre !

Découper, même quand on est petit, *c'est possible* si maman ou papa prépare la forme en coupant grossièrement la feuille à quelques centimètres du tracé.

Avoir un pinceau par couleur, *c'est pratique* pour éviter les mélanges de peinture.

Utiliser de la colle blanche liquide et un coton tige pour l'étaler, *c'est la meilleure façon* d'assembler solidement des éléments en carton.

Garder les boîtes de céréales vides en découpant les grands côtés. *C'est économique*, si on se sert de leur face sans impression pour faire de beaux dessins.

figurine à jouer

Des personnages faciles à fabriquer, pour imaginer plein d'histoires !

il me faut

un magazine pour enfants

des briques de constructions

une pique en bois

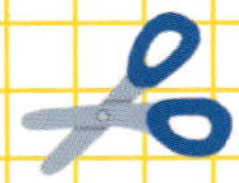

mes ciseaux

1
Je cherche des personnages dans le magazine et c'est papa qui les découpe.

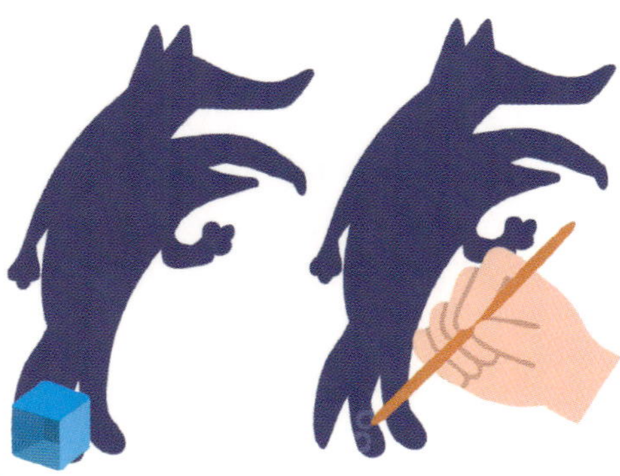

2
Je presse le personnage contre une brique de construction pour que les ronds de la brique laissent une marque. À cet endroit, je fais un trou en perçant le papier avec ma pique en bois.

3
Je coince les pieds du personnage « en sandwich » entre les deux briques. Le voilà prêt à jouer !

la peinture au Scotch

C'est bien rigolo de peindre chaque forme d'une couleur différente !

il me faut

du papier à dessin assez épais (si possible de couleur)

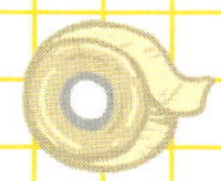
du Scotch en papier

de la peinture

1

Je colle du Scotch (en le laissant dépasser sur la table) sur la feuille de papier.

2

Je peins chaque forme d'une couleur différente.

3

Je retire le Scotch.

de plus
en plus clair

bicolore

à carreaux

en diagonale

que de choses à faire avec...

des pinces à linge

Quel animal rigolo fabriquer : un zèbre, un loup, un cheval ?

il me faut

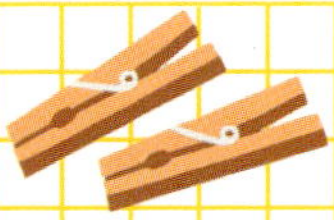

2 pinces à linge

une feuille de papier

un morceau de carton d'emballage

un petit morceau de laine ou de ficelle

de la colle

mes feutres

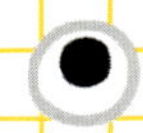

un œil en plastique (facultatif)

1

Je découpe dans du carton la forme de l'animal en me servant du pochoir p. 79.

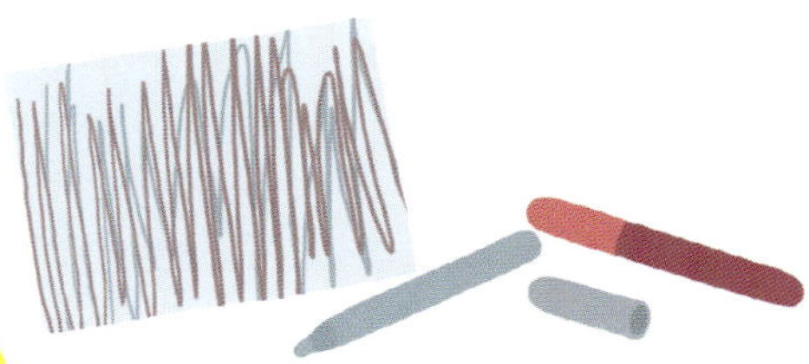

2

Je choisis deux feutres pour colorier le pelage de l'animal sur la feuille.

3

Je colle la feuille sur le carton. Je découpe en suivant la forme. Je colle aussi du papier colorié sur le côté des pinces à linge.

4

Il ne me reste plus qu'à fixer la queue, à dessiner ou coller l'œil, à fixer les pinces à linge pour avoir un bel animal.

d'autres idées avec des pinces à linge

construction soleil

Je construis un soleil avec les pinces à linge.

jeu du pince-couleurs

Je colorie le bas des pinces à linge. Je joue à chercher des vêtements qui sont de la même couleur que celle du bas des pinces et je les accroche dessus.

jeu du tire-pince

Papa accroche des pinces à linge à mes vêtements. Et moi je les enlève !

cadeau « fait-moi »

Je peins une pince à linge. Je colle un petit cœur ou une autre décoration. J'accroche une photo et l'offre à quelqu'un que j'aime !

la peinture de mes doigts

Tip, tap, top...
Et voilà une peinture à surprises !

il me faut

de la peinture à doigts ou de la gouache

du Scotch

un morceau de carton (boîte de céréales)

une feuille de papier à dessin

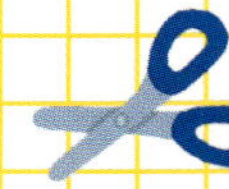
mes ciseaux

1

Avec maman, je découpe des formes de feuilles dans le carton, en me servant du pochoir p. 79. Je les fixe par un anneau de Scotch sur la feuille.

2

Je scotche la feuille sur la table pour qu'elle ne bouge pas.

3

Je pose des petits tas de peinture sur la feuille.

4

Avec mes trois doigts posés bien à plat, je tapote la feuille pour la recouvrir entièrement de peinture.

5

Quand la peinture est sèche, je retire les feuilles et je dessine les branches avec mon pinceau ou du papier découpé.

mon bâton tout en feuilles

Quel plaisir de décorer un grand bâton trouvé en forêt !

il me faut

une vingtaine de feuilles de couleurs (papier origami ou reste de papier cadeau)

une fine branche de bois sec aussi grande que moi

de la colle

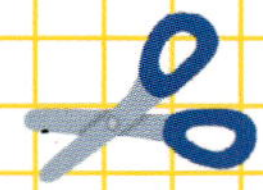
mes ciseaux

1
Je découpe plein de formes de feuilles en me servant du pochoir p. 79.

2
Je retire les feuilles et les petites branches du grand bâton. Je le nettoie et le sèche.

3
Je colle les feuilles en les groupant 3 par 3 ou 2 par 2.

4
Il ne me reste plus qu'à trouver un bel endroit dans la maison pour l'installer.

que de choses à faire avec...

la pâte à modeler

Qui veut une belle tarte aux petits bouts ?

il me faut

de la pâte à modeler

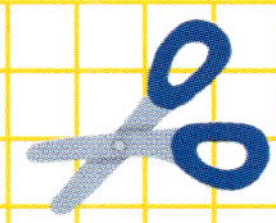

mes ciseaux

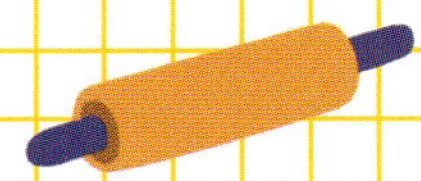

un petit rouleau à pâtisserie

1
Je forme des boules.

2
J'écrase une boule avec la main puis je l'étale avec le rouleau.

3
Je relève les bords pour faire un fond de tarte.

4
Je fais des boudins avec les autres boules.

5
Je les coupe en petits morceaux.

6
Je remplis mon fond de tarte avec les petits morceaux.

d'autres idées avec la pâte à modeler

Je colle sur du carton des morceaux de pâte à modeler pour former une île. Je colorie en bleu tout autour. J'installe ensuite des figurines pour jouer.

Je dessine un rond sur une carte en bristol. Je coupe ensuite des petits morceaux de pâte à modeler que je colle sur le tracé pour faire un soleil.

J'enfonce une boule de pâte au bout d'un crayon pour former un creux. Avec une pique en bois, je dessine des yeux et une bouche. Je coupe la pique en deux pour faire les bras.

Je fais un petit monstre avec une boule de pâte à modeler, quelques allumettes et des gommettes «yeux».

jeu de loterie

Choisis ta couleur, petite flèche !

il me faut

un morceau de carton d'emballage carré

32 bâtonnets en bois (brochettes ou bois sec ramassé en forêt)

une attache parisienne

ma peinture

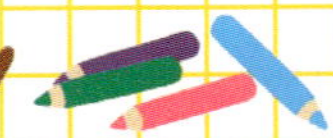

mes crayons de couleurs

mes ciseaux

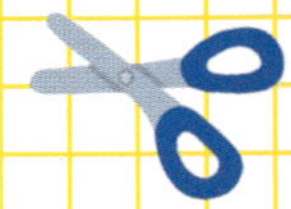

1

Maman sépare par un gros trait mon carré de carton en 8 parties. Je colorie chaque partie comme sur le modèle.

3

Je peins mes bâtons, 4 de chaque couleur (les pointes des brochettes doivent être coupées par un adulte avant l'activité).

2

Je découpe la flèche de la loterie p. 77. Maman la fixe à l'aide d'une attache parisienne au centre de la loterie.

4

Je joue : Je fais tourner la flèche pour savoir quelle est la couleur de bâton que je vais pouvoir prendre. Dès que j'ai 4 bâtons d'une même couleur, c'est gagné !

construction poids plume

Jouer au sculpteur, ça me plaît !

il me faut

des plaques de polystyrène (emballage de récupération)

des piques en bois

ma peinture

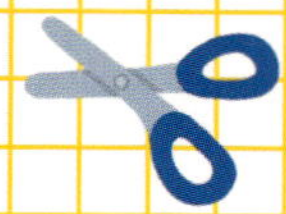

mes ciseaux

1

Papa découpe sur une planche, à l'aide d'un cutter, des bandes de polystyrène. Avec mes ciseaux, je découpe ces bandes en petits morceaux.

2

Sur une bande de polystyrène non découpée, je plante les piques de bois et je les peins.

3

Quand les piques sont sèches, je commence ma construction. Je plante les piques dans les cubes de polystyrène, que j'assemble ainsi les uns aux autres pour faire une grande sculpture.

que de choses à faire avec...

des ballons

Une balle que l'on fabrique soi-même, ça c'est amusant !

il me faut

- 3 ballons de baudruche
- 1 verre de couscous, de riz ou de farine
- un entonnoir
- un coquetier ou un petit verre
- mes ciseaux

1 Je coupe deux ballons juste en dessous de l'embout.

2 J'enfile l'embout de l'entonnoir dans un ballon et je verse les graines. Le ballon doit être bien rempli et tout rond.

3 Je pose mon ballon dans un coquetier. Je le recouvre de l'autre ballon.

4 Je découpe le troisième ballon comme sur le dessin.

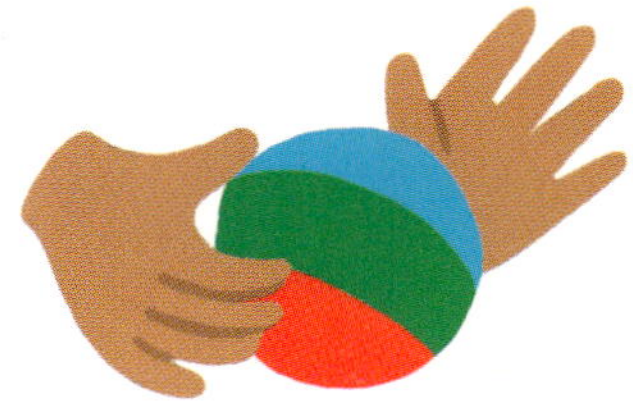

5 Je l'enfile sur la balle afin qu'il recouvre l'embout ouvert et j'obtiens une belle balle à jongler !

des idées pour jouer avec ma balle

la balle à jongler

Je fais un numéro de cirque !
Je lance ma balle dans le chapeau. Bravo !

la balle relax

En voyage, j'emmène ma balle « super-héros », je la malaxe, je lui parle quand je m'ennuie.

d'autres idées avec des ballons

le ballon yoyo

Je glisse dans un ballon quelques grains de riz sec. Quand il est gonflé, j'accroche des élastiques à son embout et je joue au yoyo !

le ballon magique

Papa gonfle un ballon et je le frotte très longtemps contre mes cheveux. Papa le pose contre le plafond (ou un mur). Magique ! Il reste collé !

je découpe... sans ciseaux !

Pic, pic, pic ! Vive les petits trous !

il me faut

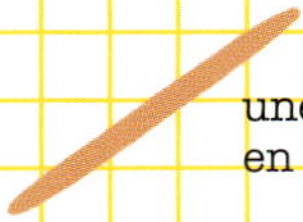

une pique en bois

une serviette en tissu

1

Papa découpe les carrés yeux, nez, bouches p. 77 le long des pointillés.

2

Je place chaque carré de papier sur la serviette en tissu pliée en 4. Je perce le papier sur le trait noir en faisant des petits trous côte à côte.

3

C'est papa qui détache les formes.

portrait content ou pas content ?

Prêt pour une partie de jeu de portrait ?

il me faut

2 feuilles de couleur

un crayon blanc

un dé

1

Avec mon crayon blanc, je dessine une tête sur chaque feuille.

2

Je découpe les yeux, les nez et les bouches p. 77.

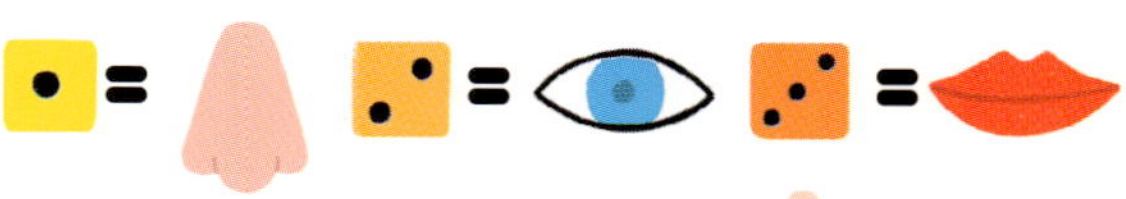

3

À tour de rôle, avec maman, chacun lance le dé. Il faut sortir un 1 pour poser le nez, un 2 pour un œil, un 3 pour la bouche. Celui qui finit son portrait le premier est le gagnant !

sculpture à velcro

Fabriquer son jeu de construction, c'est simple !

il me faut

des pièces de jeu en bois

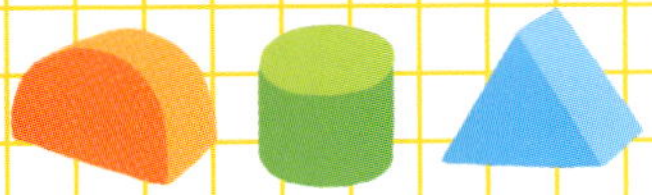

des bâtonnets de glace

1 mètre de ruban velcro autocollant (1,5 cm de large)

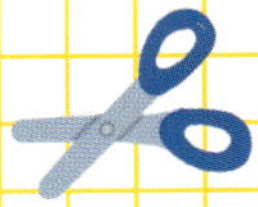

mes ciseaux

1
Je choisis dans mes jouets des formes en bois que je n'utilise plus pour fabriquer ce nouveau jeu.

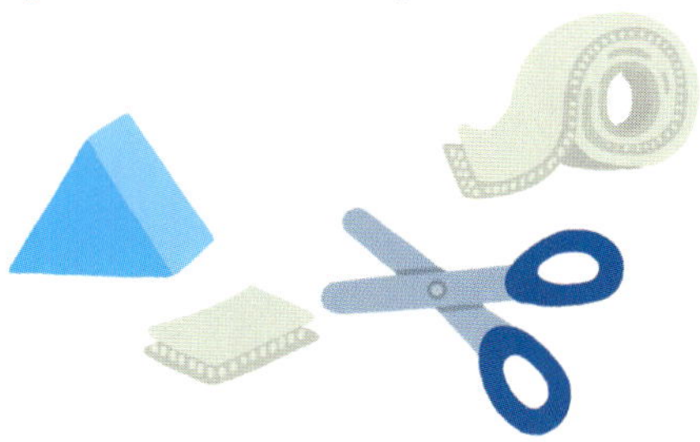

2
Papa découpe le ruban velcro pour qu'il s'adapte à la taille des formes.

3
Je répartis ces formes en deux groupes. Sur les premières je colle, tout le long d'un côté, la partie douce du velcro. Sur les autres formes, je colle la partie rugueuse.

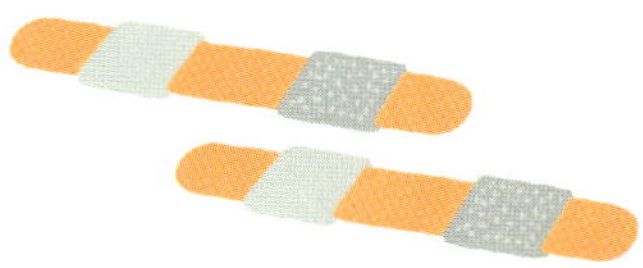

4
Sur chaque bâtonnet de glace, je colle à l'une des extrémités un petit morceau de velcro (partie douce) et de l'autre côté, un deuxième petit morceau (partie rugueuse).

5
Je fabrique avec mes formes en bois et mes bâtonnets une belle sculpture.

que de choses à faire avec...

des pailles

Les pailles, ça ne sert pas qu'à boire !

il me faut

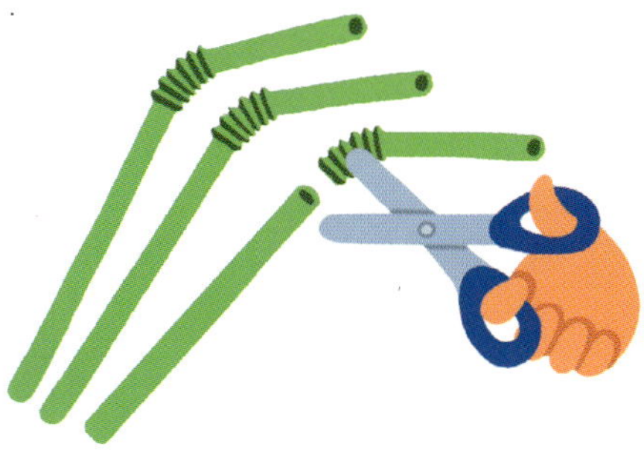

1 Avec des ciseaux, je coupe les pailles en deux au niveau du petit accordéon.

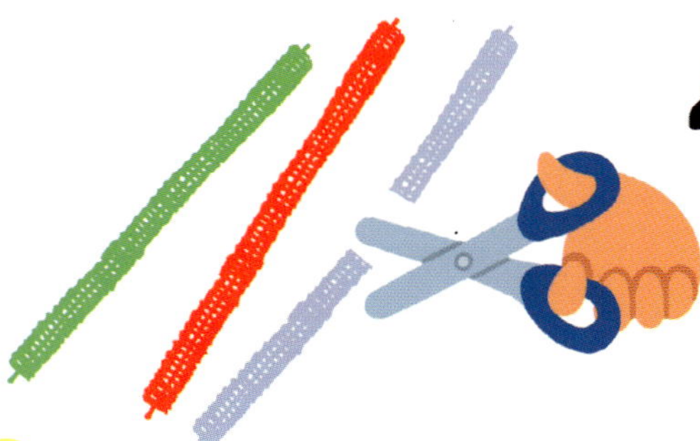

2 Je coupe les chenilles en petits morceaux, de la même taille que les petits morceaux de paille.

3 Je construis un cube en enfilant les chenilles dans les grands morceaux de paille.

d'autres idées avec des pailles

pailles et formes géométriques

Je colle une boule de pâte à modeler à chaque bout des pailles pour former ces figures.

pailles et bijoux

J'enfile sur un lacet ou un long morceau de chenille des petits morceaux de paille en les intercalant avec des perles.

bonhomme paille

Je tortille un grand et un petit morceau de chenille. J'enfile des pailles aux bras et aux jambes.

pailles alphabet

Avec des pailles et de la chenille, je fabrique des lettres de l'alphabet. Je peux écrire mon prénom !

tamponnons rond !

Bien rangés en ligne, les petits points font de beaux dessins !

il me faut

un crayon avec un embout en gomme

une éponge

ma peinture

1
Je fabrique du liquide coloré en mélangeant une cuillère à soupe d'eau et de la peinture.

2
Je pose une éponge plate dans une assiette et je l'imbibe de liquide teinté.

3
Papa dessine au crayon sur une feuille des formes.

4
Je presse l'embout gomme du crayon sur l'éponge et je tamponne en suivant le tracé du dessin.

que de choses à faire avec...

ma main

Une empreinte de main d'artiste, c'est trop joli !

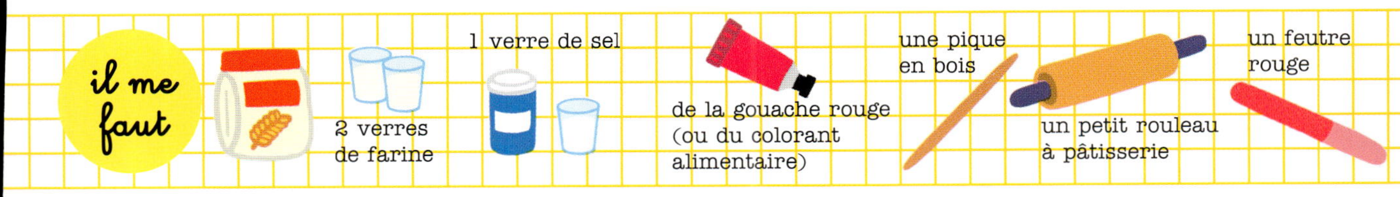

1

Je prépare de la pâte à sel en mélangeant le sel et la farine. J'ajoute petit à petit un peu d'eau et 2 gouttes de gouache. Je pétris pour obtenir une pâte souple.

2

Sur un plan de travail fariné, j'étale la pâte pour avoir une épaisseur de 2 cm.

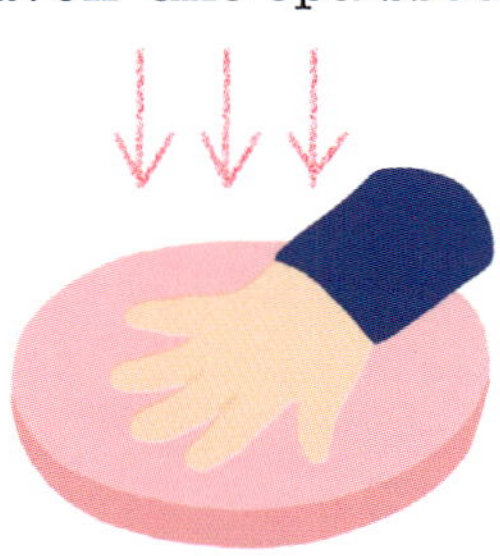

3

Je pose ma main, les doigts bien écartés, sur la pâte. Maman presse ma main pour bien marquer son empreinte dans la pâte.

4

Je décore la main en faisant tout autour des petits trous à l'aide de la pique. Au centre, je fais 6 gros trous avec le capuchon du feutre. Je laisse sécher 1 heure.

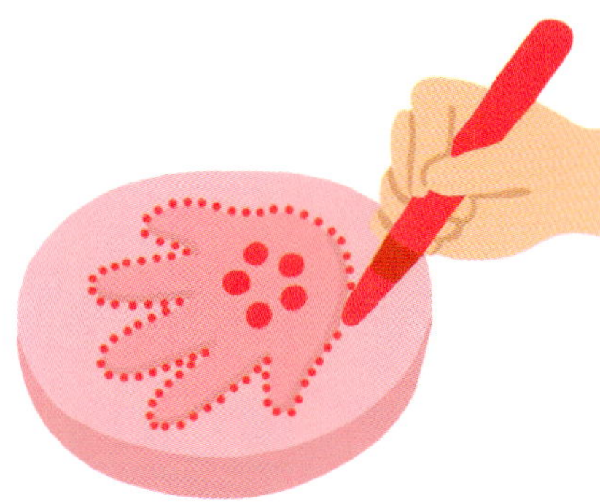

5

Maman fait cuire mon moulage à four doux (thermostat 1, 110 °C, 2 heures environ). Puis je décore ma main en coloriant les trous avec la pointe de mon feutre.

d'autres idées avec ma main

cadeau « fait-moi »

J'ajoute dans ma pâte à sel deux gouttes d'huile essentielle de lavande et une cuillère à soupe de fleurs de lavande séchées.

dessin tout-mains

Je pose ma main et papa dessine le contour plusieurs fois sur la feuille, puis c'est au tour de maman. Nos doigts doivent se toucher ! Il ne reste plus qu'à les colorier.

tap tap mains

Deux mains de carton, découpées par maman. Je les assemble par le bas avec du Scotch et colle, en haut, face à face, deux bâtonnets de glace qui vont claquer lorsque j'agiterai mon tap-tap mains.

marionnettes de doigts

Je dessine des personnages sur mes doigts et fais un spectacle de marionnettes.

trouve-moi !

Allez petit curieux, joue au détective !

il me faut

- une bouteille en plastique de 1 litre vide et sans étiquette
- un paquet de couscous
- un entonnoir
- 20 petits éléments pouvant entrer dans la bouteille (perle, bouchon de tube de colle, petit caillou, pièce de monnaie…)
- du Scotch

1

Je mets sur un plateau un saladier avec le couscous. À l'aide d'une cuillère, je le verse dans l'entonnoir posé sur la bouteille. La bouteille doit être remplie aux trois quarts.

2

Je glisse les petits objets dans la bouteille. Je ferme la bouteille avec du Scotch.

3

Je joue ensuite à trouver les objets : je secoue la bouteille, puis je les nomme l'un après l'autre dès qu'ils apparaissent en haut de la bouteille. Dès que 5 objets différents sont « sortis », la partie est gagnée !

d'autres idées pour jouer au détective

jeu de détective avec mes yeux

Je regarde les objets posés sur la table, puis je me retourne. Maman en retire un. Lequel est-ce ?

jeu de détective avec mes doigts

Papa prépare 2 enveloppes contenant 2 pièces, et d'autres enveloppes contenant un nombre différent de pièces. Est-ce que j'arrive à reconnaître au toucher celles qui contiennent 2 pièces ?

jeu de détective avec mon nez

Je sens des petits cotons que maman a parfumés avec des échantillons de parfum. Combien y en a-t-il de semblables ?

jeu de détective avec ma langue

Je me bouche le nez. Maman pose sur ma langue un tout petit peu de sel, de sucre, une miette de pain ou une goutte de citron. Si j'identifie l'aliment, c'est gagné !

oh, je te vois pousser !

Aujourd'hui, je joue au jardinier.

il me faut

un emballage vide de CD

du terreau

quelques graines de haricots (à acheter dans une jardinerie)

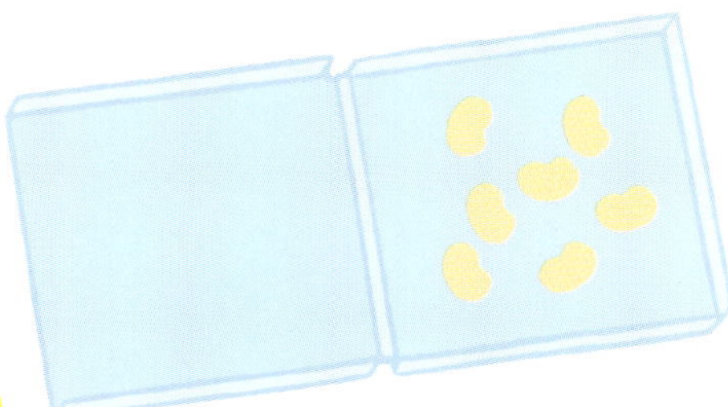

1 Je place les haricots secs dans la boîte de CD, contre le fond.

2 Je répartis la terre dans la boîte.

3 Avec un vaporisateur, j'humidifie la terre.

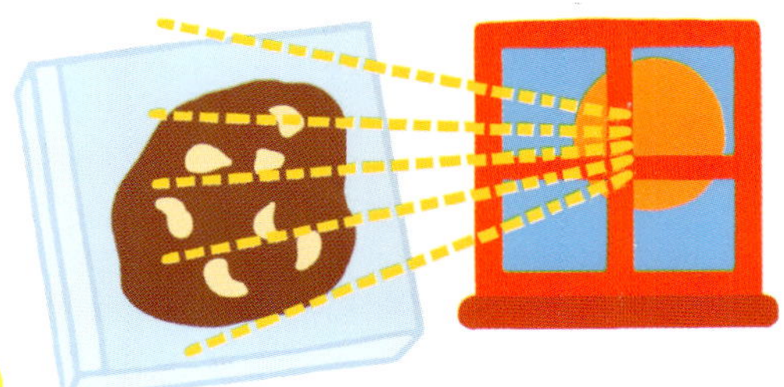

4 Je referme la boîte et la laisse dans un endroit chaud et bien éclairé.

mes dessins à senteurs

C'est beau et ça sent bon !

il me faut

- des fleurs de lavande sèches
- des feuilles de papier
- mes crayons
- de la colle
- un coton tige

1

Avec un crayon bleu ou violet, je dessine un bonhomme.

2

Je dépose de la colle sur une partie du tracé de mon dessin. Je colle les fleurs de lavande.

3

Je remets de la colle sur la suite du trait, puis pose les fleurs et ainsi de suite...

4

... jusqu'à ce que le bonhomme soit « tout en fleurs » !

que de choses à faire avec…

des cailloux et des bâtons

Des bouts de bois, des petits et des gros cailloux et c'est parti pour des grands moments de jeu !

il me faut

des petites branches de bois sec

ma peinture

du vernis transparent (vernis à ongles)

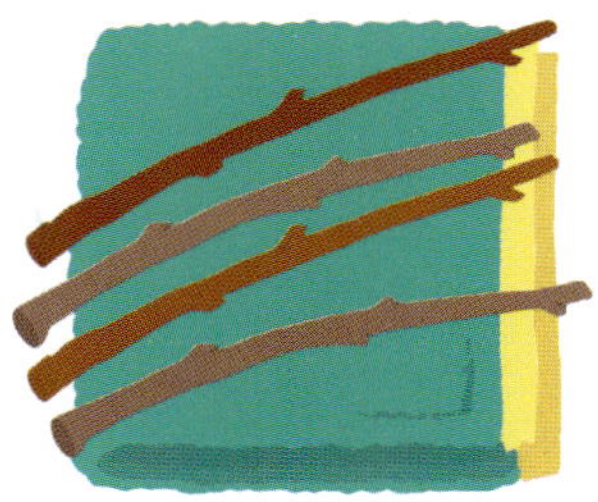

1
Je lave et je sèche les petits bâtons.

2
Je les peins en faisant des rayures, des pois, en blanc et noir…

3
Pour que les couleurs restent brillantes, je les vernis.

4
Je joue ensuite au « badaboum branches » avec maman. À tour de rôle, chacun pose un bâton sur un bol. Mais attention à ne pas tous les faire tomber !

d'autres idées avec des cailloux et des bâtons

bonhomme bâton

Je fabrique un bonhomme avec une boule de pâte à modeler et un bout de bois.

prénom caillou

Avec l'aide de papa, j'écris chaque lettre de mon prénom sur un caillou.

histoire à jouer

Je raconte des histoires avec un gros caillou chat, un petit caillou souris et un long bâton serpent !

cadeau « fait-moi »

Je peins des bâtons et les casse en petit morceaux pour les coller sur une carte cadeau.

jeux de bain et de couleurs

À l'heure du bain, je fais des expériences !

il me faut

- un moule à muffins en silicone
- 2 bacs à glaçons
- du colorant alimentaire bleu et jaune
- un bouchon de liège coupé en deux
- un morceau de papier d'aluminium froissé pour former une petite boule

1

Avec maman, je choisis dans mes jouets des petites choses qui peuvent être mouillées (figurine, mini balle, brique de construction...).

2

Je place les jouets, le bouchon, la boule de papier d'aluminium dans les moules à muffins. Je les recouvre d'eau et mets le tout au congélateur pendant 3 heures.

3

Maman verse dans un verre le colorant jaune, dans l'autre le bleu. J'ajoute de l'eau et mélange pour avoir de l'eau jaune et bleue de couleur bien vive.

4

Avec une petite cuillère, je verse l'eau colorée dans les compartiments des 2 bacs à glaçons (un pour le bleu, un pour le jaune) et les mets au congélateur pour 2 heures.

Je joue avec mes glaçons jouets
En fondant, les jouets se détachent.
Lesquels vont couler, lesquels vont flotter ?

Je joue avec mes glaçons colorés
Quand je verse dans un gobelet de l'eau du bain et les glaçons jaunes et bleus, quelle sera la couleur du liquide, une fois les glaçons fondus ?

jolies fleurs de sucre

Je t'offre une fleur... si jolie, si simple à faire !

il me faut

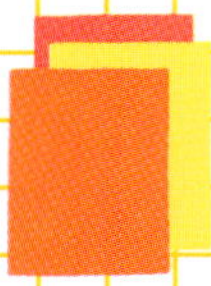

3 feuilles de papier de soie de couleur rouge, jaune et orange

du Scotch

10 sucettes

mes ciseaux

1

Papa découpe des carrés de papier de soie de 15 cm de côté. Avec mes ciseaux, j'arrondis les angles pour former des ronds.

2

Je plie chaque rond en deux, puis en quatre.

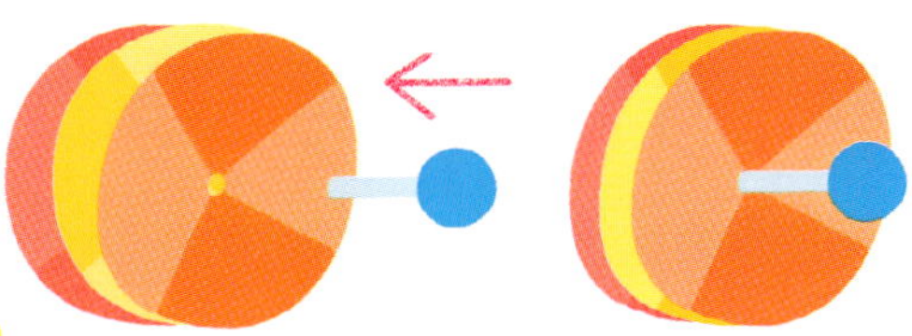

3

Je superpose 3 ronds, un de chaque couleur. Je perce les ronds au centre et enfile la sucette.

4

Je replie la corolle de la sucette fleur et fixe la sucette au papier de soie avec du Scotch.

guirlande d'artiste

Le gribouillage, c'est beau !

il me faut

- 20 feuilles format A4, avec le dessin du triangle (pochoir p. 79).
- 2,50 m de ficelle
- du Scotch
- de la colle
- mes ciseaux
- ma peinture

1

Je décore chaque fanion de manière différente. Je peux, en coloriant, dépasser de la forme. Quand le premier côté des fanions est sec, je colorie ou peins l'autre côté.

2

Je laisse sécher les fanions en les mettant sous un gros livre pour qu'ils restent bien plats. Ensuite je les découpe.

3

Je pose la ficelle sur la table et je la maintiens bien droite avec quelques morceaux de Scotch. Je passe chaque triangle sous la ficelle. Je replie et colle chacun en les espaçant de 5 cm.

déguisement en 3 coups de ciseaux

Si on fabriquait ensemble un vrai déguisement de princesse ou de chevalier ?

il me faut

- 1,50 m de feutrine ou de coton en 90 cm de large (marron pour le chevalier, rose pour la fée)

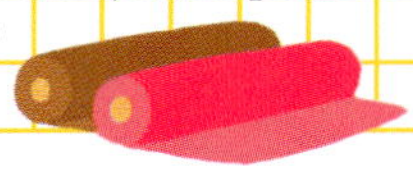

- 30 cm de feutrine blanche

- 30 cm de feutrine (rouge pour le chevalier, jaune pour la fée)

- 1,20 m de cordelière de coton pour le chevalier et 1,20 m de ruban de satin rose pour la fée

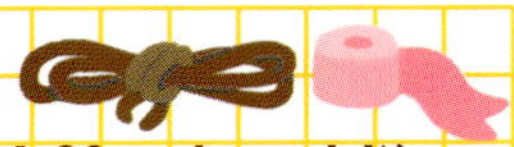

- de la colle

- des ciseaux de couture

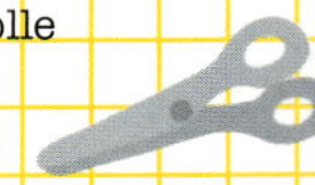

Avec l'aide de maman ou papa :

1 Je découpe les patrons p. 75.

2 Je plie le tissu marron ou rose en 4. Je retire une bande de 20 cm sur le côté pour avoir une largeur de tunique de 50 cm.

3 Je pose le patron « encolure » sur le tissu et découpe l'encolure.

4 Je fais une ouverture de 6 cm au milieu du dos pour pouvoir enfiler mon déguisement.

Déguisement de chevalier

1
En m'aidant du patron « blason », je dessine le blason sur le tissu blanc et je découpe.

2
En m'aidant du patron « flèche », je dessine 4 flèches sur le tissu rouge et je découpe.

3
Je colle les flèches pour former une croix sur le blason.

4
Je colle le blason au centre de la tunique.

Déguisement de fée

1
Je reporte le patron « col » 2 fois sur le tissu blanc et je découpe.

2
Je reporte le patron « étoile » 4 fois sur le tissu jaune et je découpe.

3
Je colle les deux parties du col sur la tunique.

4
Je colle les étoiles au bas de la tunique.

L'encolure est fermée dans le dos avec une épingle de sûreté.

maquillage en 3 coups de crayons

3 étapes pour me transformer en chat, en clown ou en fée !

il me faut

- une boîte de crayons de maquillage
- un miroir

le chat

le clown

la fée

cuisine

cuisine

Comment cuisiner quand on est « haut comme » ?

Essentiel
Je me lave les mains et enfile un tablier bien couvrant avant de cuisiner.
Tous les ingrédients sont réunis devant moi. Ils sont pesés. Chacun est placé dans un bol. Le sachet de levure est ouvert à l'avance.
Pour les plus petits, les fruits ou légumes sont pelés, coupés en petits morceaux par maman ou papa et posés devant moi.

Pratique
Je mets un torchon mouillé sous le saladier pour éviter qu'il bouge pendant que je mélange mes ingrédients.

Évident
Les contenants en plastique (saladier, bols) et les moules à gâteaux en silicone sont recommandés pour la cuisine des petits.
Dès que je suis en âge de m'en servir, j'utilise un épluche-légumes et un couteau à bout rond pour les opérations d'épluchage et de découpe.

Amusant
C'est moi qui nettoie la table avec une éponge, fais la vaisselle des ustensiles en bois ou en plastique (rouleau à pâtisserie, saladier, cuillère en bois...).

Combien de temps, combien de personnes ?
Toutes les recettes se préparent en 15 minutes.
Les recettes sont prévues pour 4 personnes, ou pour une personne pour les plats qu'un enfant mangera en solo.

petits fours fondants

Une recette facile et sans cuisson pour de délicieuses friandises au chocolat !

il me faut

- 100 g de chocolat à cuire, fondu dans 25 g de beurre

- 3 cuillères à soupe de mascarpone
- 125 g de cookies aux pépites de chocolat passés au mixer

- 1 barquette de mousse au chocolat
- un moule en silicone à mini compartiments

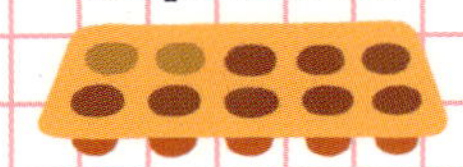

1
Je verse les miettes de biscuits dans un saladier.

2
J'ajoute le mascarpone et le chocolat fondu et je mélange à la fourchette pour obtenir une pâte bien ferme.

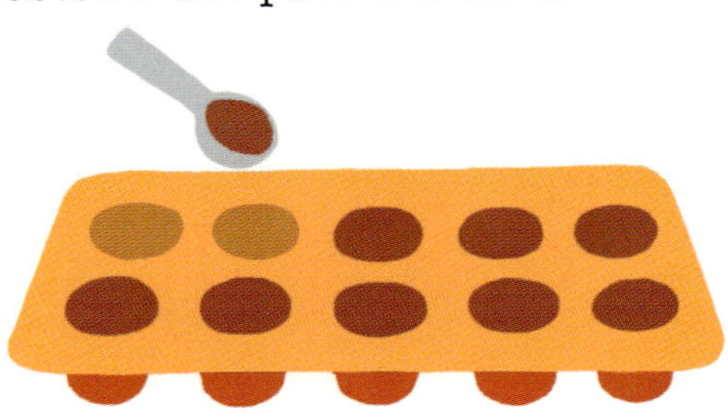

3
Je remplis les compartiments du moule en silicone en tassant la pâte avec une petite cuillère.

4
Je mets mes gâteaux au réfrigérateur pendant 2 heures. Ensuite, je les démoule et les dispose sur une assiette.

5
Je décore mes gâteaux de mousse au chocolat.

pain perdu à l'ancienne

Pas question de jeter le pain rassis !

il me faut

Pour une personne :
- 2 tranches de pain rassis
- 15 cl de lait tiède
- 1 cuillère à soupe de sucre en poudre
- 1 œuf
- 50 g de beurre
- 50 g de chapelure

1

Maman verse le lait, l'œuf battu, la chapelure dans 3 assiettes creuses.

2

Je trempe le pain dans le lait, puis dans l'œuf.

3

Je retourne ensuite chaque tranche dans la chapelure.

4

Maman fait revenir les tranches de pain des deux côtés à la poêle, dans un peu de beurre chaud. Elle les pose sur une feuille de papier essuie-tout pour absorber le surplus de gras.

5

Je les saupoudre de sucre... et je les déguste ! (Accompagnées de compote de pomme, c'est encore meilleur !)

crackers croquants

Les petits gâteaux d'apéritif maison, c'est ma spécialité !

il me faut

250 g de farine

1 petite cuillère de sel

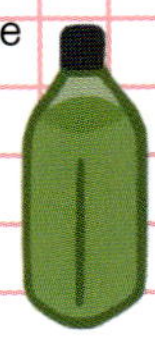

1 dl d'huile d'olive

1 dl de lait

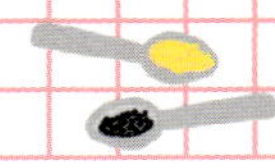

1 cuillère à soupe de graines de pavot ou de gruyère râpé

210°
Préchauffer le four à 210 °C (thermostat 7)

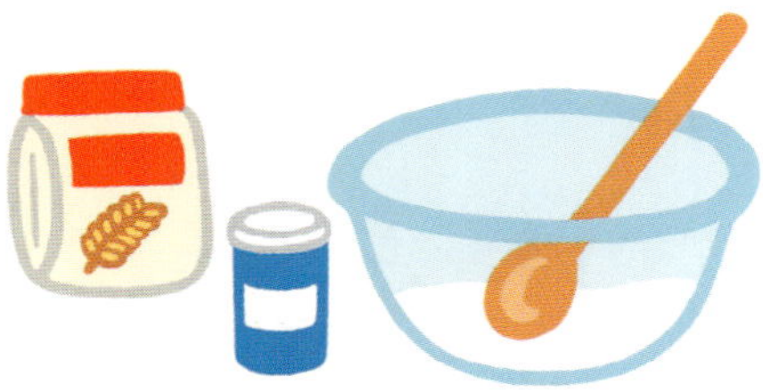

1
Dans un saladier, je mélange la farine et le sel.

2
J'ajoute l'huile et le lait et je pétris pour obtenir une boule de pâte souple.

3
Je farine la table de cuisine. Avec l'aide de maman, j'étale la pâte au rouleau à pâtisserie. La pâte doit être très fine.

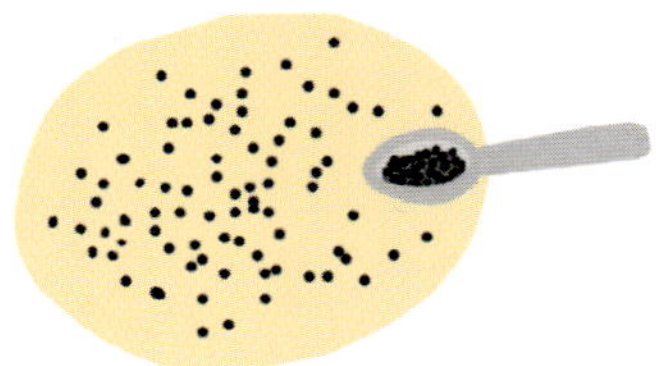

4
Je la parsème de graines de pavot ou de gruyère râpé. Je les enfonce dans la pâte à l'aide du rouleau.

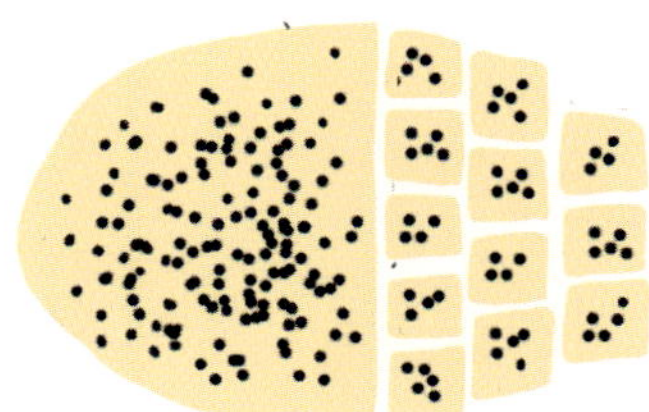

5
Je découpe des petits carrés à la roulette ou au couteau.

6
Je pose les gâteaux sur la plaque du four recouverte de papier sulfurisé et les pique avec un bâtonnet de bois. Maman enfourne la plaque pour 20 minutes de cuisson (thermostat 7). Les crackers sont cuits lorsque leurs bords sont bien blonds.

cupcakes sucrés

Des gâteaux faciles et gourmands. Miam !

il me faut

- 150 g de farine
- 80 g de sucre
- 1/2 sachet de levure
- 3 œufs
- 1 yaourt
- 10 cl d'huile de tournesol
- 1 pincée de sel
- **180°** Préchauffer le four à 180 °C (thermosthat 6)

Pour 8 cupcakes au chocolat, il me faut en plus de la préparation de base 100 g de chocolat à cuire au lait, fondu.

1 Je mélange dans un saladier la farine, la levure, le sucre et le sel.

2 J'ajoute les œufs, le yaourt et l'huile. Avec l'aide de maman, je remue pour obtenir une pâte bien lisse.

3 J'ajoute le chocolat et je mélange à nouveau.

4 Je répartis la pâte dans les moules en les remplissant à mi-hauteur.

5 Maman les enfourne pour 20 minutes de cuisson, thermostat 6 (180 °C).

Pour 8 cupcakes à la compote de pomme, il me faut, en plus de la préparation de base, une tasse de compote.

Je les prépare comme les cupcakes au chocolat en remplaçant le chocolat par la compote. Ajouter 10 minutes de cuisson supplémentaires.

Pour 8 cupcakes à la banane, il me faut en plus de la préparation de base une banane bien mûre écrasée à la fourchette et 100 g de flocons d'avoine.

Je les prépare comme les cupcakes au chocolat en remplaçant le chocolat par la banane et en réduisant la quantité de farine de moitié.

pour décorer

1. Je mélange 4 cuillères à soupe de mascarpone avec 2 cuillères à soupe de crème liquide et 1 cuillère à soupe de sucre glace.

2. Quand les cupcakes sont froids, je les décore avec la crème et des pépites de chocolat, des petits dés de pomme ou de banane suivant la recette choisie.

cupcakes salés

Des gâteaux salés, ça change !

il me faut

- 150 g de farine
- 10 cl d'huile de tournesol
- 1 pincée de sel
- 1/2 sachet de levure
- 3 œufs
- 1 yaourt

180° Préchauffer le four à 180 °C (thermosthat 6)

Pour 8 cupcakes au jambon, il me faut en plus de la préparation de base une tranche de jambon hachée.

1 Je mélange dans un saladier la farine, la levure et le sel.

2 J'ajoute les œufs, le yaourt et l'huile. Avec l'aide de papa, je remue pour obtenir une pâte bien lisse.

3 J'ajoute le jambon haché et je mélange à nouveau.

4 Je répartis la pâte dans les moules en les remplissant à mi-hauteur.

5 Papa les enfourne pour 20 minutes de cuisson, thermostat 6 (180 °C).

Pour 8 cupcakes au maïs, il me faut, en plus de la préparation de base, une tasse de grains de maïs mixés.

Je les prépare comme les cupcakes au jambon en remplaçant le jambon par le maïs.

Pour 8 cupcakes au fromage, il me faut, en plus de la préparation de base, 100 g de gruyère râpé.

Je les prépare comme les cupcakes au jambon en remplaçant le jambon par le fromage.

pour décorer

1
Je mélange 4 cuillères à soupe de fromage frais à tartiner avec 2 cuillères à soupe de crème liquide.

2
Suivant mes goûts, je laisse la crème nature ou j'ajoute une cuillère à café de ketchup.

3
Quand les cupcakes sont froids, je les décore avec le fromage frais et des dés de jambon, des grains de maïs ou un petit dé de gruyère suivant la recette choisie.

tartines sucrées

Tartine briochée banane au four

il me faut

- 2 tranches de pain brioché légèrement grillées
- 1 banane
- 2 barres de chocolat à cuire
- 1 petit morceau de beurre

1 Je beurre les tranches de pain de chaque côté.

2 Avec un couteau en plastique, je coupe les bananes en rondelles.

3 Je pose le pain dans un plat allant au four et je mets les rondelles de banane sur le pain.

4 Je pose le chocolat sur la banane. Maman fait cuire quelques minutes les tartines au grill pour faire fondre le chocolat.

Tartine briochée grillée, chocolat, cannelle

- 2 tranches de pain brioché
- 2 barres de chocolat à cuire au lait, râpées
- 1 pincée de cannelle en poudre
- 1 petit morceau de beurre

1 Je beurre les tranches de pain de chaque côté.

2 Je pose le pain dans un plat allant au four.

3 Je parsème le pain de chocolat et de cannelle. Maman fait cuire quelques minutes les tartines au grill pour faire fondre le chocolat.

tiramisu aux fraises

Ce soir, c'est moi qui fais le dessert !

il me faut

- 2 cuillères à soupe de mascarpone
- 1 cuillère à soupe de crème liquide
- 1 cuillère à soupe de sucre
- 12 biscuits à la cuillère
- 6 cuillères à soupe de jus de fraise
- 4 cuillères à soupe de compote pomme-fraise

1
Je verse le mascarpone, la crème et le sucre dans un saladier et je fouette le tout.

2
Je place les biscuits au fond d'un petit plat carré et je les arrose avec le jus de fraise.

3
Je verse le mélange de crème, puis la compote pomme-fraise, sur les biscuits.

4
Je mets au réfrigérateur pendant une heure.

à table, l'alphabet !

Grissini-lettres

il me faut

- 80 g de farine
- 30 g de parmesan
- 20 g de beurre mou
- 3 cuillères à soupe d'eau
- 2 pincées de sel
- **180°** Préchauffer le four à 180 °C (thermosthat 6)

1 Je mélange dans un saladier la farine avec le parmesan. J'ajoute le beurre et l'eau.

2 Je pétris la pâte jusqu'à ce qu'elle forme une boule.

3 Je divise la pâte en une dizaine de petites boules que je roule pour former des longs boudins. Je pose les boudins, en les espaçant bien, sur la plaque du four recouverte d'un papier de cuisson.

4 Avec les boudins, je forme les lettres de mon prénom.

5 Papa enfourne les lettres pour 15 minutes de cuisson (thermostat 6, 180 °C)

Soupe au lait alphabet version salée

il me faut

- 3 cuillères à soupe de pâtes alphabet
- 20 cl de lait
- 1 cuillère à soupe de fromage frais
- 1 pincée de sel
- 1 tranche de jambon
- 1 cuillère à soupe de gruyère râpé

1

Je verse le lait et le sel dans la casserole et papa le fait bouillir. Il verse les pâtes et les fait cuire 5 minutes.

2

Après cuisson, papa couvre la casserole d'une assiette sans égoutter les pâtes. Pendant ce temps, je coupe le jambon en tout petits morceaux avec mes ciseaux.

3

Papa verse les pâtes dans une assiette creuse, j'ajoute le fromage frais, le gruyère et le jambon. Je remue et je déguste.

Soupe au lait-alphabet version sucrée

- 3 cuillères à soupe de pâtes alphabet froides, cuites dans moitié lait sucré et moitié eau
- 1 sachet de sucre vanillé
- une dizaine de framboises

1

J'égoutte les pâtes sans retirer trop de jus pour que le tout ressemble à une crème.

2

Je les verse dans une assiette creuse, j'ajoute le sucre vanillé et je remue doucement.

3

Je rince les framboises et les pose sur l'assiette. Je mets l'assiette au frigo pour une heure avant de déguster.

le kit à cookies

Un cadeau à offrir aux grands et petits gourmands !

il me faut

5 cuillères à soupe de farine mélangée à 1 cuillère à café de levure

2 cuillères à soupe de flocons d'avoine

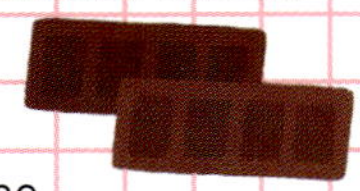

100 g de chocolat à cuire

3 cuillères à soupe de cassonade

3 cuillères à soupe de sucre en poudre

un bocal vide de confiture

1
Je casse le chocolat et le mets dans un sac en plastique que papa referme par un nœud.

2
À l'aide d'un rouleau à pâtisserie, je tape sur le sac pour concasser le chocolat.

3
Je verse au fond du bocal la levure et la farine et je tasse bien. Je verse de la même façon les flocons d'avoine et je tasse à nouveau.

4
Je termine la préparation par les deux couches de sucre et le chocolat. Je ferme le bocal.

5
Je découpe l'étiquette « recette » p. 77 et je l'accroche au bocal avec une ficelle. Il ne me reste plus qu'à faire un beau paquet cadeau !

gym et jeux d'extérieur

le funambule, c'est moi !

Petits jeux d'équilibre... sans danger.

il me faut

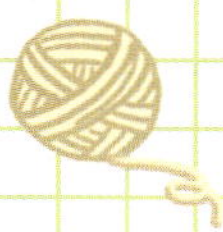

2 mètres de ficelle

du Scotch en papier

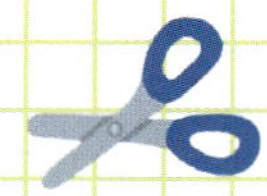

mes ciseaux

1 Le fil

Je pose la ficelle au sol dans ma chambre.
Avec l'aide de papa, je la fixe par terre avec des petits morceaux de Scotch en papier. Elle doit être bien droite.

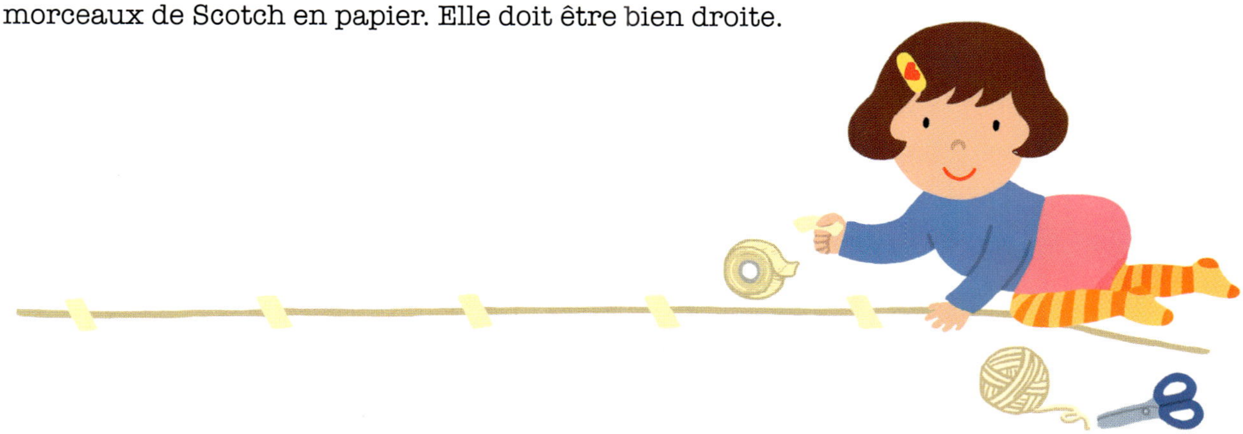

2 La poutre

Avec le Scotch, je dessine au sol un rectangle très long.
Ce sera la poutre.

Je joue au funambule avec la ficelle !

Je me mets pieds nus et j'imagine que je marche sur un fil tendu dans les airs, bras écartés. Attention à ne pas mettre les pieds à côté de la ficelle, sinon il faut retourner au départ !

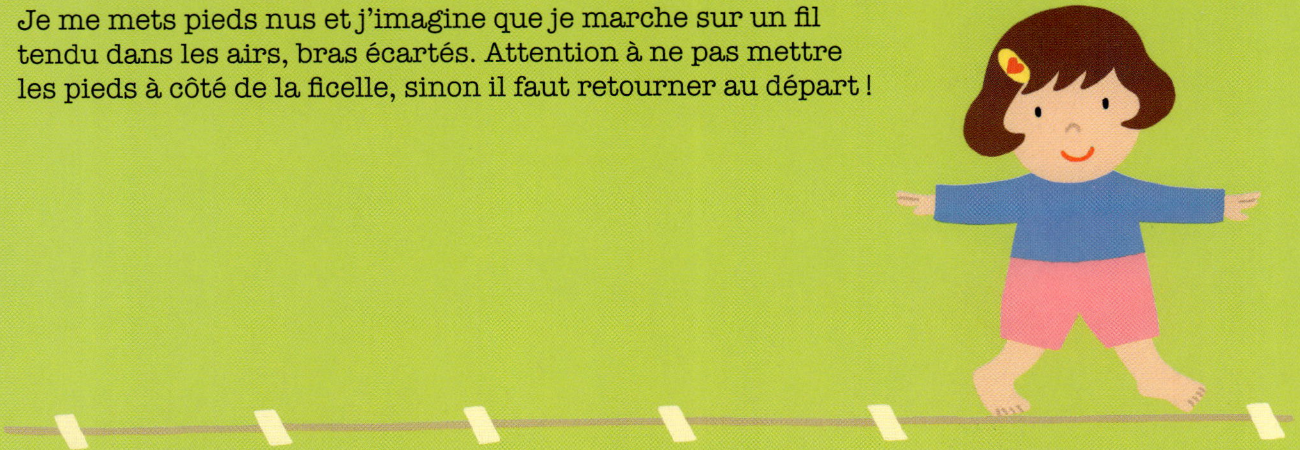

Je marche sur le fil à reculons, puis sur la pointe des pieds.

Je joue au funambule avec la poutre !

Sur la poutre dessinée au sol, je fais des grands pas, je marche à quatre pattes, je fais une roulade… sans, bien sûr, «tomber» de la poutre.

lancer haut dans le ciel

On fait quoi avec une chaussette ?

il me faut

- 3 rubans de 2 mètres de long
- 1 chaussette en maille
- 1 verre de riz ou de semoule
- 1 mètre de ficelle
- 1 petit sac plastique

Je fabrique une balle comète

1
Je verse le riz dans un petit sac en plastique.

2
Maman m'aide à faire un nœud.

3
Je glisse le sac de riz dans la chaussette. Je la ferme par un nœud pour former une boule.

4
J'attache les rubans.

Je joue avec ma balle comète !

1

Maman la lance bien haut dans le ciel
et j'essaie de la rattraper par les rubans.

2

Je tiens la chaussette dans ma main
et cours pour que les rubans volent.

3

Je tiens un ruban dans ma main et fais
des moulinets avant de lancer la balle très loin !

hop, hop, les cerceaux

Allez, on bouge, on saute !

il me faut

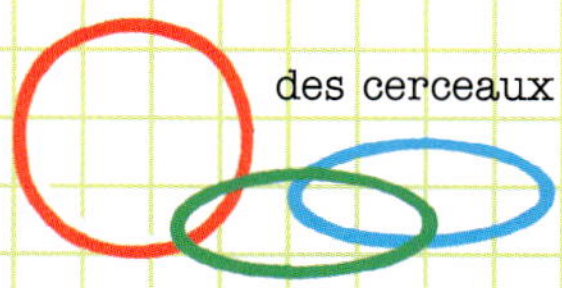

des cerceaux

mes peluches

Dedans-dehors

Avec un cerceau posé au sol :
Un claquement de langue de papa, je saute dans le cerceau. Deux claquements, je saute en dehors. Et cela de plus en plus vite !

Les jambes agiles

Maman tient un cerceau à 5, 10, 15 cm du sol : j'essaie de l'enjamber sans le toucher.

La course des cerceaux

Avec trois cerceaux posés en ligne :
Je dois les franchir le plus rapidement possible, sans les toucher, pour aller jusqu'au mur opposé. Puis revenir de la même manière.

Le lancé de peluches

Je pose le cerceau au sol , je m'éloigne de quelques pas et je lance mes peluches pour les faire rentrer dans le cerceau.

jeux d'ombres

Il fait beau ? Profitons-en pour jouer avec notre ombre.

il me faut

du soleil

des craies

Attrape-ombre

Je saute à pieds joints sur l'ombre de papa, qui s'enfuit.

Mon portrait en ombre

Maman trace mon ombre sur le sol avec une craie.
Plus tard, j'essaie de replacer mon ombre dans le dessin en me mettant exactement dans la même position.

duo gym

La gym à deux,
il n'y a rien de mieux !

il me faut

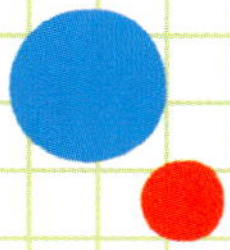

un ballon
et une balle

une serviette

Gym-ballon

Ensemble, on se muscle en s'allongeant sur le ventre, face à face, pour jouer à se passer mon ballon.

Gym-roulade

Je m'allonge au sol sur une serviette. Maman tire sur la serviette en me faisant doucement rouler en dehors.

Gym-balançoire

Papa s'assied par terre. Je me mets sur ses genoux. Les jambes écartées, je m'accroche à sa taille. Papa bascule en arrière, puis en avant !

Balle-massage

Je me couche sur le ventre, maman me fait rouler une balle sur le dos. Et on inverse les rôles.

yoga relax

Ça fait du bien de se détendre !

il me faut

un animal en peluche

1

Je m'allonge au sol sur le dos, avec mon animal en peluche posé sur le ventre. J'inspire bien fort. Mon ventre se gonfle comme un ballon et je vois l'animal monter.

2

J'expire, mon ventre se vide comme un ballon qui se dégonfle et l'animal redescend.

3

Papa me suggère de penser à des choses que j'aimerais faire un jour de vacances. Tout en respirant calmement, je rêve.

4

Après la relaxation, je m'étire comme un petit chat et je raconte à papa toutes les choses qui me sont passées par la tête pendant que je me détendais.

yoga animaux

Maman mime l'animal, avec des mouvements lents et en respirant amplement au début et à la fin de chaque séquence. Puis c'est à mon tour.

Le chat

À quatre pattes, j'étire mon cou,
je fais le dos rond.

Le lion

À quatre pattes, j'étire mon cou
et je rugis bien fort !

Le cobra

À plat ventre, les jambes bien droites et les pieds joints, je respire amplement en m'appuyant sur les mains pour relever le haut de mon corps, tout en gardant le bassin collé au sol.

Je reste dans la position du cobra
en comptant jusqu'à 10 et je relâche.

L'oiseau

En position accroupie, je tends mes bras de chaque côté.

Je me redresse lentement en agitant doucement mes bras comme s'ils étaient des ailes.

Je répète l'exercice plusieurs fois de suite.

La grenouille

Debout, les deux jambes écartées, je descends lentement les mains entre mes deux pieds et je remonte.

Je fais cela de plus en plus vite et je termine l'exercice en faisant un grand bond !

je mime et je joue avec mon corps

C'est rigolo de faire semblant !

Comme à la cuisine

Assis sur un coussin, devant un saladier en plastique vide, je mime les gestes que l'on fait pour préparer un gâteau. Je verse la farine, je casse les œufs, je remue avec une cuillère imaginaire...

Comme une machine à bulles

Assis à table dans la cuisine, je fais des bulles à l'aide d'une paille dans un bol en plastique contenant de l'eau.

Comme au réveil

Couché au sol comme si j'étais dans mon lit, je baille, je m'étire, je me lève en faisant des gestes très lents.

Comme une marionnette

Allongé au sol, je me fais « tout mou ». Maman me manipule comme si j'étais une poupée de chiffon. Elle lève mes bras et je les laisse retomber lourdement. Même chose pour mes jambes.

jeux d'1, 2, 3

Pas bougé, c'est gagné !

1, 2, 3, statue !

J'imite une statue et je ne bouge plus pendant que maman compte jusqu'à 10.

1, 2, 3, sculpteur !

Papa modèle sa statue (c'est moi !). Et puis je reste quelques secondes sans bouger. C'est ensuite à mon tour de faire un papa statue.

1, 2, 3, soleil !

Maman se met contre un mur, tête face au mur. Papa et moi, nous nous plaçons à 5 mètres du mur. Nous avançons pendant que maman frappe le mur en disant « 1, 2, 3, soleil ! ». Puis elle se retourne. Il faut alors être complètement immobile, sinon c'est le retour au départ. Le premier arrivé remplace maman.

petits jeux de 2 minutes...

Pour attendre sans s'impatienter !

livre cache-cache

Papa cache un morceau de papier dans son livre. Ensuite, on tourne les pages pour le chercher.

comme papa

Papa cligne des yeux. Je l'imite. Puis il tire la langue et gonfle ses joues. Je répète les trois mouvements à la suite. Il fait ensuite la même chose mais dans un ordre différent et je l'imite encore sans me tromper !

jeu de sons

je dis « ba », papa trouve tous les mots qui commencent par « ba », puis je continue avec « ca », « bou », « pou »...

à vos ordres !

Maman donne les consignes : «mains cachées sous les cuisses», «mains sur la tête»... J'exécute les ordres et cela de plus en plus vite !

doigts bavards

Maman dessine des yeux, un nez, une bouche sur le bout de mes doigts et sur les siens. On fait ensuite la conversation avec ces marionnettes à doigts.

range-tickets

Maman vide son porte-monnaie de ses tickets de caisse. C'est ensuite à moi de les ranger l'un après l'autre dans le porte-monnaie.

musique

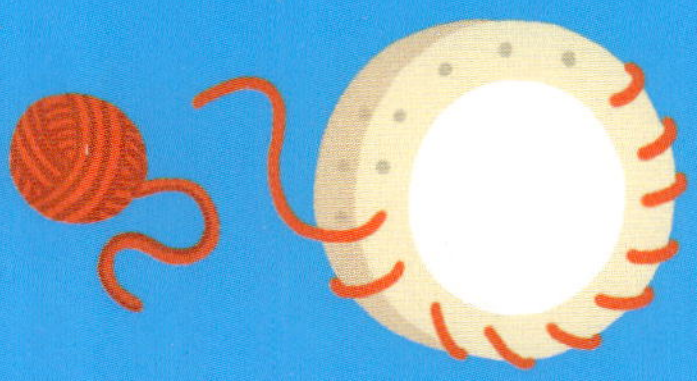

maracas à danser

Danser la samba, c'est avec maman !

il me faut

2 gobelets en plastique transparent

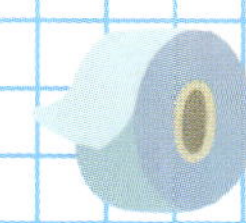

du gros Scotch

des petites perles (ou du riz, de la semoule...)

1
Je verse les perles dans le gobelet.

2
Je pose le deuxième gobelet sur le premier.

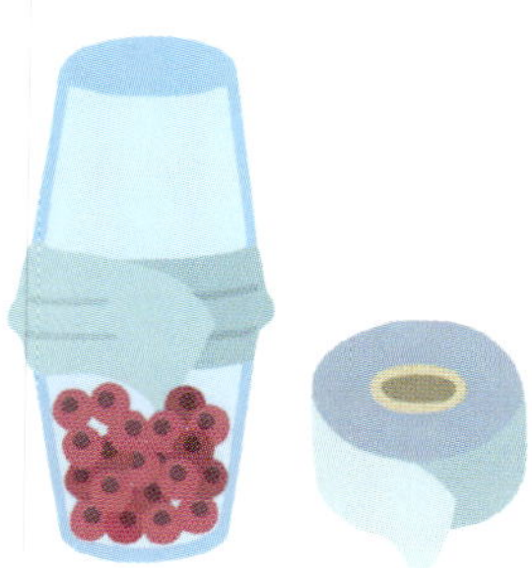

3
Avec l'aide de maman, je scotche les deux gobelets ensemble.

Je joue à la statue musicale avec mon maracas

Maman agite le maracas pendant que je danse. Dès qu'elle arrête, je ne bouge plus ! Ensuite, on inverse les rôles et c'est moi qui fais de la musique avec le maracas.

tambourin et bon rythme

Danser en rythme, c'est avec papa !

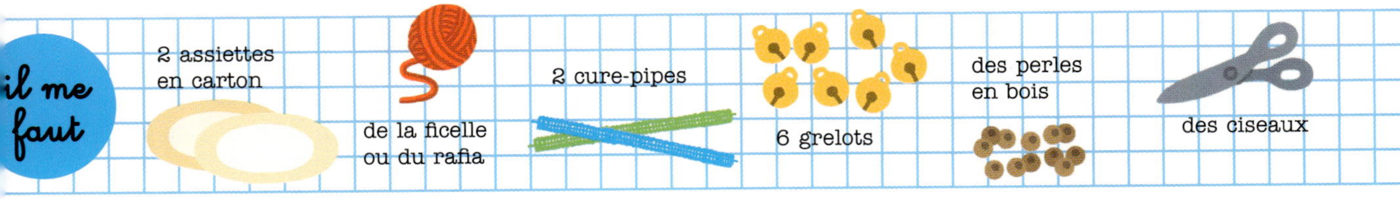

1

Avec les ciseaux, Papa perce des trous tout autour des assiettes. J'enfile la ficelle dans les trous pour assembler les deux assiettes.

2

Avant de nouer les deux extrémités de la ficelle, je glisse les perles dans les assiettes.

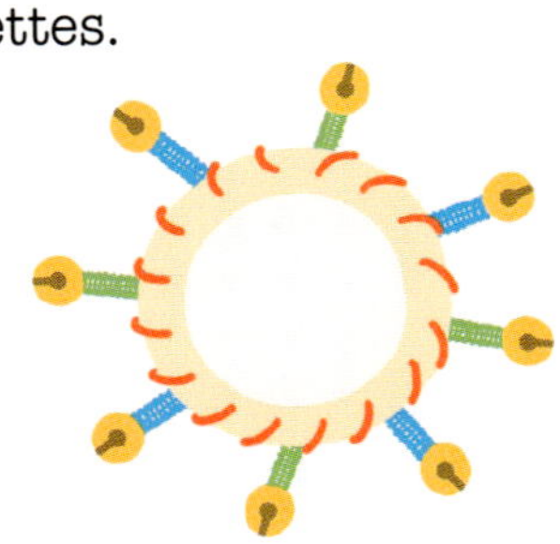

3

Je coupe les cure-pipes en 3. Avec chaque morceau, j'attache un grelot au tambourin-assiette.

Je joue à la marche rythmée

Papa frappe sur le tambourin.
1 coup : je marche,
2 coups : je recule,
3 coups : je saute comme une grenouille.
Ensuite, on inverse les rôles, c'est moi qui joue du tambourin et papa qui danse !

les boîtes à sons

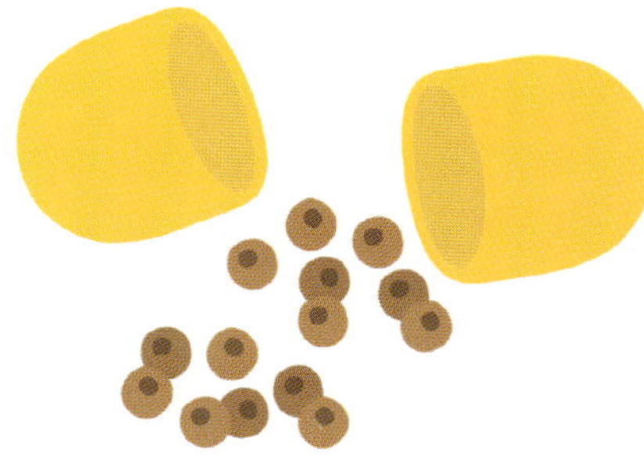

Quand je joue à écouter, je me concentre.

il me faut

6 petites boîtes opaques toutes pareilles (boîtes de pastilles ou emballages plastique d'œufs surprises)

du riz

des perles en bois

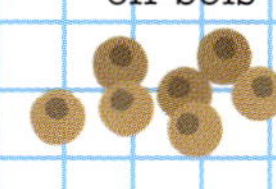

des petits cailloux

du Scotch

1

Je remplis 2 petites boîtes à moitié de riz. Je fais de même avec les cailloux et les perles.

2

Je pose 3 boîtes (riz, perles, cailloux) de chaque côté de la table.

Je joue avec mes boîtes à sons

Je prends une boîte chaque série.

Je l'approche de mon oreille et je la secoue.

Si les 2 boîtes font le même son, je pose la paire devant moi.

Sinon, je repose une des boîtes et en prends une autre.

J'ai gagné quand j'ai trouvé 3 paires.

j'ai l'oreille fine !

Comme c'est amusant de repérer tous les petits bruits de la maison…

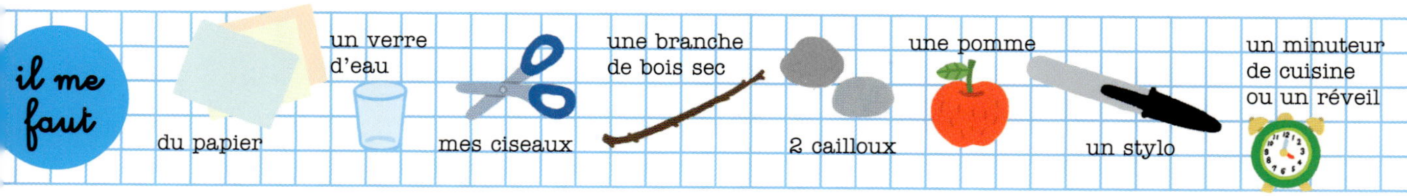

Qui suis-je ?

Je joue à reconnaître sans rien voir les sons produits par papa.

Des idées de sons à identifier :

- froisser du papier
- boire de l'eau
- couper du papier avec des ciseaux
- couper une branche de bois sec
- taper deux cailloux l'un contre l'autre
- croquer une pomme
- gribouiller avec un stylo sur une feuille
- frotter ses mains l'une contre l'autre
- claquer des doigts

Trouve-moi !

Maman cache un minuteur de cuisine ou un réveil qui fait « tic-tac » sous un coussin, sous un meuble, dans un livre… Je dois le retrouver !

la musique du corps

Silence, c'est mon corps qui parle !

je chante comme une mouche

Je fais « zzz » pour chanter comme une mouche, « bêêê » pour chanter comme un mouton...

je fais « toc-toc »

Avec mon doigt replié, je frappe sur des objets de la maison : sur un coussin, je n'entends rien, sur la table ça fait « toc-toc »... et sur le mur ?

j'ai un beau micro

Je prends un rouleau vide de papier essuie-tout. Je parle dedans pour amplifier ma voix et je dis : « j'ai une voix d'ogre », « j'ai une voix de souris », « j'ai une voix de bébé » !

j'imite le cheval

Je fais claquer ma langue pour imiter le cheval qui trotte... de plus en plus vite !

je tape des pieds

Je tape le sol avec le pied bien à plat. Maman, en face de moi, fait de même. Ensemble, on va de plus en plus vite, puis de moins en moins vite !

le chef d'orchestre

Papa imite 3 instruments « corporels » à la suite : claquer la langue, frapper sur ses cuisses, taper du pied... Je dois répéter sans me tromper !

Patrons des déguisements

Papa ou maman découpe ces patrons et les reporte sur le tissu.

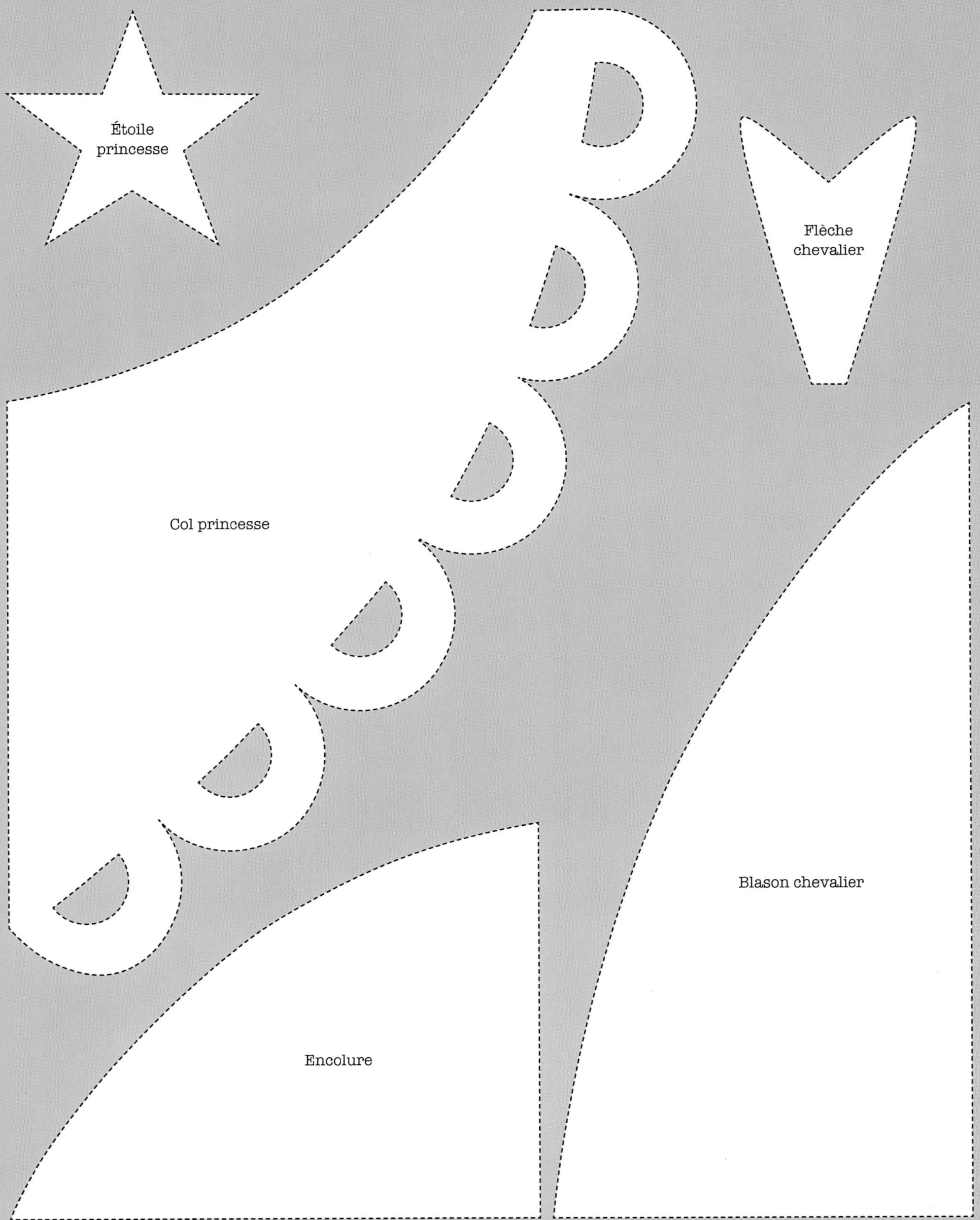

À découper

Papa ou maman découpe le long des pointillés.

Yeux, nez et bouches à utiliser pour les bricolages des pages 18 et 19.

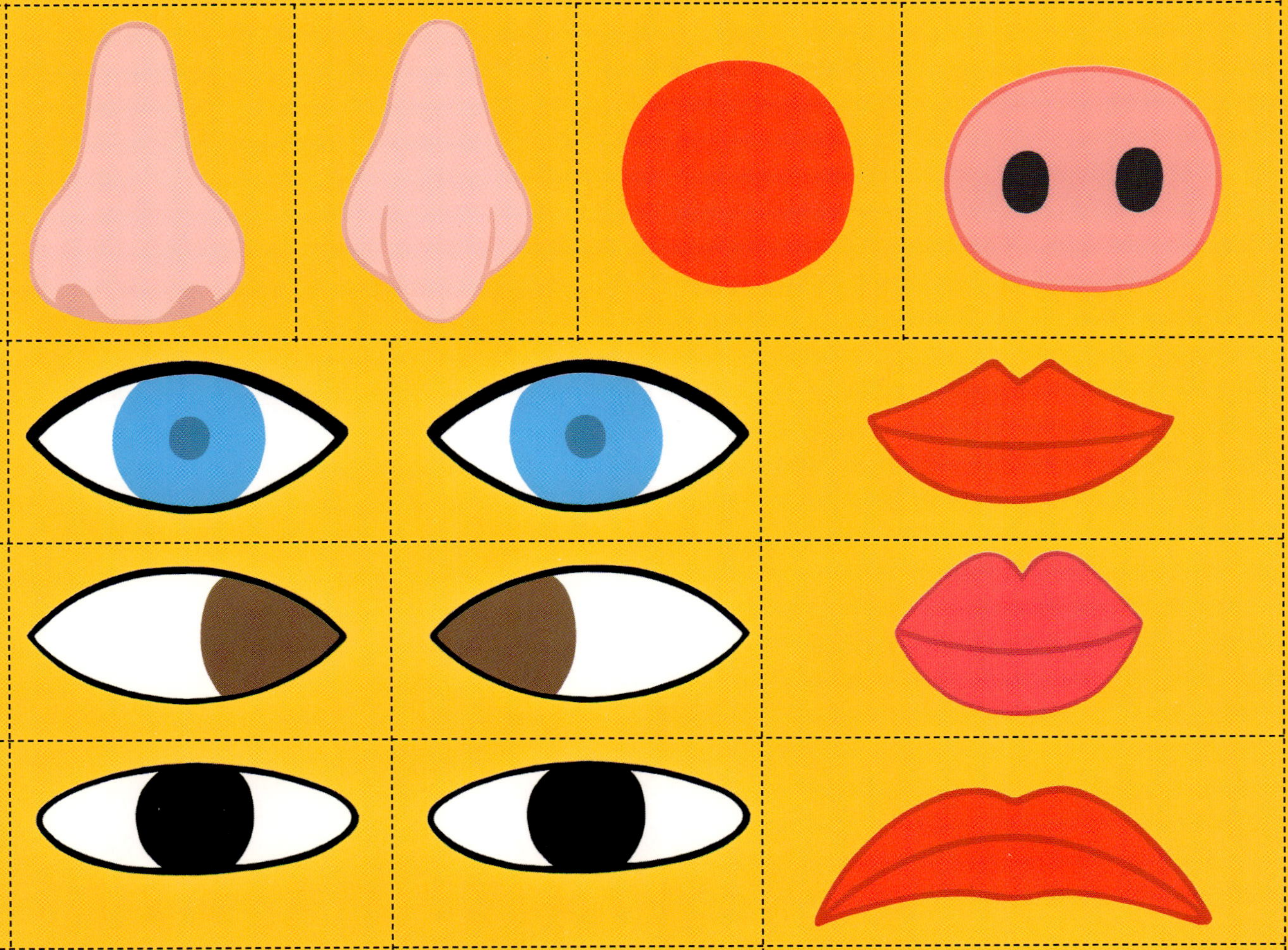

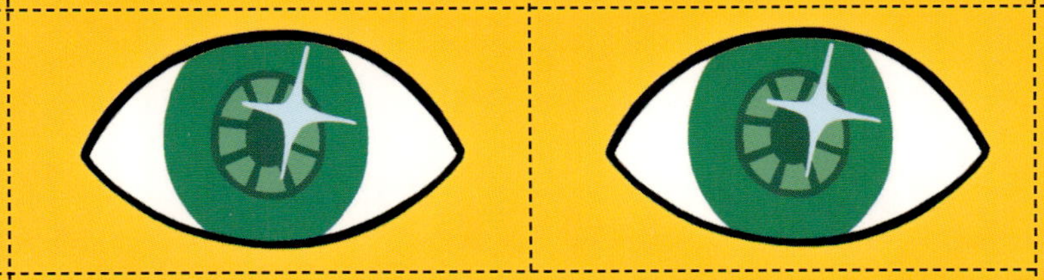

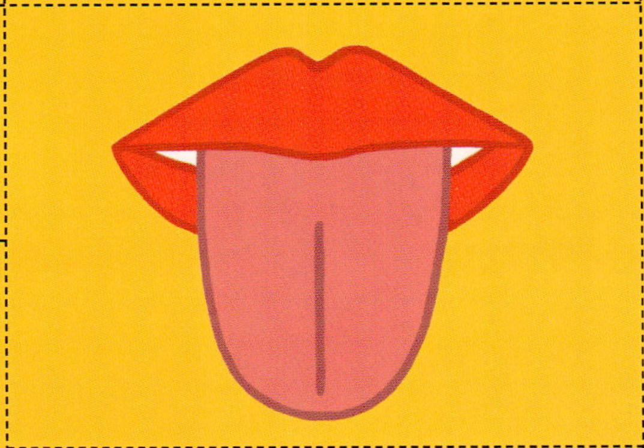

Étiquette à utiliser pour **la recette du kit à cookies,** page 54.

Régale-toi
avec mes fameux cookies !

Mélange tout avec 50 g
de beurre mou et un œuf.
Fais des petites boules de pâte sur
la plaque de cuisson et mets au four
8 minutes (thermostat 8, 200 °C).

Flèche à utiliser pour **la loterie** de la page 14.

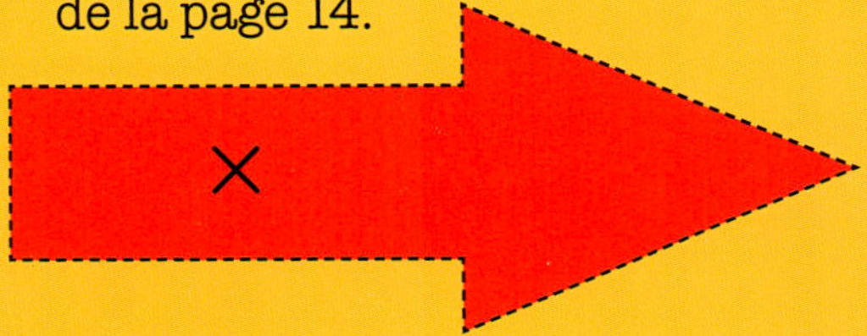

Marquer la croix au cutter puis former un trou circulaire en enfonçant la pointe d'un stylo-bille.